SEQÜANA BARROSA

LUISA FUTORANSKY

SEQÜANA BARROSA

Prólogo

Reina Roffé

DIRECTOR LITERARIO: MAURICIO GIL CANO

PARQUE EMPRESARIAL DE JEREZ,

C/ EINSTEIN, 5. 11407 JEREZ

TELF.: 619 652 251

ILUSTRACIÓN DE CUBIERTA: PILAR GLEZ. GARCÍA-MIER

IMPRIME: GRÁFICAS SANTA TERESA

C/ CERVANTES, 5

11540 SANLÚCAR DE BARRAMEDA

(CÁDIZ)

IMPRESO EN ESPAÑA

ISBN: 978-84-935002-5-2

DEPÓSITO LEGAL: CA-547/07

PRÓLOGO

VERSOS DE ULTRAMAR

La obra poética de la argentina Luisa Futoransky es la representación de un destino errático. Los viajes constituyen el plexo que articula su poesía. Las palabras son el "cubrefuegos" para afrontar el peregrinaje, la mudanza al lugar desconocido y el desasosiego de extranjería. *Seqüana barrosa* recoge poemas escritos a lo largo de muchos años y muchas distancias recorridas. Ávila, Berlín, Buenos Aires, Dublín, Jerusalén, París, Roma y Venecia conforman la topografía minuciosa y, a la vez, desbordante de una vida signada por encuentros y despedidas, por insalvables separaciones.

Cada poema habla de las perplejidades de la travesía, dice su extrañamiento por los sitios y las gentes que viven en ellos, pero también su dolor por el irremediable "exilio del cuerpo de la juventud". Versos en los que funciona una suerte de memoria ancestral que sirve de contrapunto a la visión de lo inmediato y permite a la autora ver más atrás, encontrar, acaso, alguna razón a la violencia, la persecución y el odio encarnados en el mundo.

Memoria que relaciona tiempos y espacios para diseñar un vasto mapa poblado de hechos cotidianos, costumbres legendarias y la alteración o melancolía que despiertan ciertas ciudades.

Extrañada, extraña en todas partes, la poeta, sin embargo, sabe cuál es el país que cifra su nombre. El Río de la Plata no prefigura para ella un río sin orillas, sino un río de la lengua y del lenguaje de una mujer nómada. La propia Futoransky ha descrito su condición de escritora como un trabajo de "contrabando hormiga", de resistencia menor, pero poderosa, en la que explora y acusa "las humillaciones intransferibles que producen los idiomas de los otros, el sentido de encontrarse aún más ajena y exiliada -si cabe, todavía- por ser sapo de otro pozo", cuya identidad, no obstante, se reafirma en esa única patria verdadera que constituye la lengua de su escritura.

Pese a compararse en este poemario a las "enanas marrones", que son "estrellas falladas de origen", confiesa su dependencia de la vida y canta con el aliento de su experiencia, con el gusto más refinado que los años han esculpido en el cuerpo de sus versos.

REINA ROFFÉ

SEQÜANA BARROSA

*Deidad de la fertilidad y la compasión, Seqüana es el nombre latino del río Sena. Fue venerada por la tribu galorromana de los seqüanos. Su altar principal se hallaba cerca del nacimiento del río, donde se encuentra hoy Dijón. En el museo comunal se conserva una estatuita con diadema, considerada la representación más antigua de la diosa, sobre una embarcación con forma de pato.

"I have arrived, I am here present, I the singer. Enjoy in good time, come here to present yourselves those who have a hurting heart. I raise my song".

NAHUATL POETRY

Llegué y aquí estoy. Yo, el cantor. Disfruten, y quienes tienen herido el corazón, dense a conocer. Brindo mi canción.

POESÍA NAHUATL

MARCAPASOS

Las moiras son hijas de Nix, la Noche, diosa que solía no necesitar de nadie para concebir.

Las moiras son tres y asisten a nuestro nacimiento: Cloto, la que hila; Láquesis, que asigna los caminos y Átropos, la inflexible podadora.
Si Lilith también asiste al nacimiento, ya se sabe, más de tres, flor de burdel.

En el piso lo que reverbera ¿son escamas o lentejuelas?

Hoy festejemos con *Anís del mono* o la damajuana de vino
peleón que da el pie de viña de mi abuelo
solitario viticultor del firmamento

Inscripción en el muro, medio borrosa a fuerza del tiempo
y firmada por las moscas:
Hoy no se fía, mañana sí.

PAPELITO

la cabeza es una caja de pandora
una chistera de mago
una barca a merced de la corriente

uno apenas hurga
surco reciente en tierra labrantía
y aflora la disección de un sentimiento
candente
un mero papelito
un poema de amor

para espantar
los ángeles oscuros
queda
la calidad de la voz
que nunca miente

STORNELLO DE LA MORTIFICADA

Antes, en un ejercicio airoso del alma yo cerraba los ojos y enumeraba las personas que quería abrazar.
Tenían que ser por lo menos cinco y el juego residía en saber el orden; a quién abrazo primero, qué tipo de beso, qué profundidad de lengua, cuánto tiempo de estrecharse en silencio y así.
Ahora, por más que me esfuerzo, la lista hizo aguas.
¿Me sequé?
¿Se secaron?

No hay nada peor que vaciar los bolsillos y encontrar que no quedan mendrugos de bendiciones para salir de invierno.

DESESPERANZA

Dormís? Soñás?
Sonreís? Plantás sin cosechar?

Cocinás? Suspirás
todavía?

Muñequitas rusas, imbricadas
Colorinche hueco
pero sordo

Vivir no es nuevo
Morir tampoco

Estas son las mañanitas
Pero ¿dónde el rey David?

PISTAS FALSAS

Parecía
el fin de la caminata
pero no
y escaldada
sin alas de querubín
ni aletas de quimera
o perfil y garras
de esfinge
prosigo
casi inmóvil
el viaje por agua
el viaje por cielo
por si por fin me ven

pregunto
cuán grande es un cielo nublado raso?
en todo viaje el naufragio es dogma?

emperador
o emperatriz
de tierras sin confín

oh!, impíos que me obligan a atarles el verdadero nombre
'cola de tifón-cola de tifón' en un pañuelo
para acordarme
de todo cuanto morí
sin que soñemos juntos

pampa sin abrojos,
prosigo
meciendo este dolor vasto y goloso
reseca,
cuarteada,
anegada de Usted.

BODEGÓN

Siete de seda, alianza y sisal
Nudo de marinero, acorde de dominante
Cítrico perfecto -al menos a primera vista
Sin mácula de corrupción
Columna que sostiene las arterias

Antes de que abandone
El aire
Quiero que sepas que fuiste
importante como el pan fresco
El arcoiris, las estrellas, el color índigo
Y los puentes de París

ACIAGO AZUL

Hay que estar muy atento
a la respiración de los Amados
cuando duermen
porque es cuando dicen
todo lo que no dicen

En los intersticios
verificar
el andamiaje del deseo

A veces falta óleo santo
otras una Perseida
en el momento
de perder su órbita

en nada
más que nada

Aciago Azul

INMEDIATEZ DE LOS AFECTOS

Prefiero
las palabras
aguamarina
zafiro
colibrí

Prescindo lo más que puedo del vocablo
barrera

Admito
que el exilio del cuerpo de la juventud es irremediable

PARÍS, LA IMPOSTURA

Tacaña, negligente, estreñida,
envidiada,
la más grácil sin esfuerzo,
ninguneadora, bella de lejos,
parís encubridora
recluida en su propio delirio de grandeza
atrabiliaria
parís oculta en catacumbas parís para iniciados
parís emperatriz y guillotina

yo, que nunca salvé tus innúmeras murallas, trampas, laberintos
tan eficaces para perder al extranjero
no sé si te quise o quiero, todavía.

SEQÜANA BARROSA

En París el dolor es ornamental
sin estridencias
gris pizarra, antracita desconsuelo
ocre imitación piedra con venas

el dolor me quiebra el corazón por dentro como una caña
y este frío tan vasto lame
la memoria más atrincherada de las sienes

aguachenta, la sangre mana del cortejo
-no necesariamente festivo-, de lucecitas macilentas
y un viento traicionero cala hasta el fondo
últimas briznas de esperanza

cada tanto Seqüana se sale de madre
y la intimidad
orquídea salvaje
derriba los ardides
y gana -por un tiempo-
la partida

MALDITA TORMENTA 99

Las palomas se arrullan en las vigas de Palais Royal
Bajan sin remilgos a picotear las escorias
del amanecer
un *clochard* empina el codo
una pareja de muchachos intercambia entre las columnas
espasmos de despedida
la mujer se aferra como una bandera al poste de alumbrado
el temporal arrecia
se ensaña con los carteles de neón
los turistas recién enjuagados en colonia 4711
medialunas algo enmohecidas
y extremo desconcierto

No resistieron, supimos luego, los árboles señeros
los de los castillos, bosques y riberas presuntuosas
pudieron con ellos el fúlmine
y el nombre de los vientos
en cambio, los geranios desangelados, sí

Viajando se conoce la marcha, la hambruna
la dormida de la gente
y siempre duele

APRIL IN PARIS, JARDÍN BOTÁNICO

Con el caer del último pétalo
rezagado en la cabeza
llegó el punto final de los cerezos.

En la foto, razonaré más tarde
tu rostro, de tiro corto para la esperanza.

SOPORTALES

el olvido como realidad
es propicio?
los campos magnéticos
son nocivos?

Pretérito indefinido
tuve un amante más inclemente
que el tiempo de París

todos tenemos un Egipto que abandonar
y un prometido Edén
para esperar
tiritando
la vana primavera

PÓCIMA DE ORTIGAS

-¿Viste los gorriones dentro de la cocina atraídos por migajas que al querer salir pierden sus centros de orientación y desesperados se dan contra los vidrios y paredes?

Bueno, así, aturdida de traiciones, así de aterrada y ciega después de no ser otra cosa que mi más profunda espera, el muy último domingo por la tarde, casi tan amigos, fuimos a tomar el té en la misma taza en que lo bebía Proust: vos me recontabas que tenés el libro de memorias autografiado por la mano de Celeste y yo la miraba a tu lado tejerte la delicada pañoleta. Ella siempre tuvo miedo que ustedes se resfríen.

Pensar que es primavera -me dije-, y este año en París, florecen tan solo las ortigas.

ATRAVESARES

Entrar por el aro de papel -no en llamas- instigados por el barrigudo domador que chasquea su látigo sobado en aceites más apreciados que las pieles en que descarga su ira, crueldad y alevosía
y darse cuenta de que el mundo es igual de ambos lados.
O casi

Atravesar espejos en cambio te deja una certidumbre
los vidrios cortan y el mercurio se escurre.
Pero algo de plateado queda.

3 ZOOS

1

En mi barrio a nadie extraña que las margaritas se conviertan en amapolas escarlatas o que las palomas se transformen en cuervos.
A mí lo que sí me molesta es que se les ocurra seguirme por las calles graznando que es un contento.
Para que no me cambie de vereda de vez en cuando me tiran un picotazo que como doler, duele.
Con la edad los tejidos olvidan defenderse y cicatrizo bastante menos.

2

BUTANTAN

aquí
en el serpentario
vi el espectáculo más desolador

vi las cobras velocísimas
las de mayor ponzoña

las que son casi iguales a la tierra
trenzarse en duelo cruento
y devorarse una a la otra
hasta que la cola de la vencida
—apenas una breve línea recta—
fue un punto
que desaparecía sin dejar rastros
en la boca de la vencedora
y era lo mismo que acontece
después de un desastre marítimo
tan sólo un círculo
un último estremecimiento en el aire
casi imperceptible
y luego la calma agobiante de los elementos:
hasta la próxima tragedia

3

ÁVILA DE NUNCA

Las terminales de ferrocarril recogen casi siempre la ferocidad de tus urgencias: Pero no ocurre así, no, con la travesía que recorro en este tren, que sólo sirve para abrirme la herida de otro, que tuvo el fervoroso temblor de la alegría y un mosto que ya no más por aquello de que nunca volveremos a bañarnos en el mismo ni tampoco en ningún otro río.

¿Tendrán tal vez memoria las cepas moradas que nos vieron?¿Guardarán acaso despojos de ternura hacia mis torpes, desesperados ojos que navegan hoy por sus rugosidades para saber si hubo una vez un príncipe, una belladurmiente y la Soterraña milagrera?

Este tren que ahora me regresa a Ávila, en realidad lo hace para amurallarte, piedra a piedra, artesanalmente, en el fastuoso laberinto que he dispuesto para que habites.

Habrá por cierto un tren en el que también me atrapes.

¡Qué otra cosa nos queda ya sino aceptar la mutua y resignada prisión donde nos moveremos como raras aves de extranjería en la vanidad de estos zoos que rescatan, a su modo, la brevísima y tan remota, estación de nuestro amor!

VENIRSE ABAJO

pensar que por el Sena
siguen fluyendo arrobas
de leños, suicidas y detritus
y que yo, respiro
(¿verdadera-
mente ?)

Yo, que me impedí
en los años que te con o des-
conozco
recordar siquiera cómo
y cuánto querría ser
reina
tigre
o lirio del campo.

PIDO GANCHO

1

De jovencita, llegué a conocer la enagua de crinolina. Una suerte de tela muy almidonada, de trama rígida y color blanco, que se colocaba bajo la ropa para mejorar la caída del vestido.
Tuve uno de gasa color siena tostada que exigía, para abombarse, dicha armazón.
Me detengo.
¿En qué limbo me estará esperando la carnestolenda de mis vestidos muertos ?

2

En los juegos infantiles, cuando estábamos sin resuello, la consigna para suspenderlos hasta recuperar aliento era pronunciar: *pido gancho.* La palabra estaba acompañada por un gesto, las manos formaban una escuadra y el mundo se detenía. Al menos por un rato.

Hoy, perpleja ante la persistencia asimétrica en todo amor
rumio
¿resignada o desconsolada ?

los sueños, qué sueños son

pido gancho   *pido gancho*

pero nadie me frota
boca a boca
el lastimado
corazón

3

IMPOSIBLE Y A SABIENDAS

Tú que no puedes,
Llévame en brazos

4

Hasta mis propios sueños me hacen llorar.

Y me anega

una lluvia sucia, turbia de maledicencias y torpezas.

5

DOGMA

mi resto de verdor
todo verdor
perecerá

LA ENÁNA MARRÓN

Las enanas marrones son estrellas falladas de origen, porque no tienen luz. Son macizas, silenciosas y tienen como característica primordial, magnificar la luz de las otras estrellas por las que transitan. Magnetismo y gravedad obligan.

Aventuran que las galaxias pueden estar repletas de estas estrellas taciturnas y sombrías.

A imagen y semejanza.

3 SOLAPAS

1

Ella había hecho todo lo posible para matarlo dentro de sí y ni siquiera eso había cambiado nada; ni lo que sentía ni su desamparo. No quería que eso volviera a ocurrirle, que los sentimientos dominaran su juicio y su respiración.
Lo curioso fue que seguía echándolo de menos, aunque sabía que tarde o temprano volvería a despedirla contra las cuerdas, tiritando, amoratada y que volvería a intentar matarlo otra vez.

2

Las venas de la ciudad lucen más de noche. Hasta las lecturas en la oscuridad mejoran en mística. El amanecer desliza el telón, la intriga desaparece y la sustituye un sentido de peligro mediocre y agazapado pero continuo.
Como otros sitios en los que había vivido éste también era un lugar de apostadores y adictos, de veredas y sueños rotos. Construyes una ciudad en el páramo, la riegas con espejismos y falsos ídolos y en última instancia esto es lo

que ocurre. El desierto la reclama y ella prefiere la aridez. Plantas carniceras, tan humanas van a la deriva por sus calles y avenidas y los francotiradores se ocultan en las rocas y las plazas aunque prefieren sentar residencia tras los visillos de las ventanas.

3

Y las barajas empezaron a saltar, a dejar manchas de sangre y muy mal olor. Ella no se lo había montado muy bien en un mundo de policías corruptos, gángsteres con coartadas a toda prueba, productores cinematográficos y televisivos sin escrúpulos y actrices decididas a triunfar a cualquier precio.

Julia Marlowe Hammett logró por fin salir de todo aquello sólo un poco más magullada, amarga y desencantada de lo que había entrado.

Las alas y las nubes se le habían estropeado para siempre.

SICOMOROS DE ASHDOD, CIUDAD DE PURPURINA, CIUDAD DE AZOTE

Una colonia de sicomoros
-muescas del tallo a la raíz pavonean tres mil años de ardido
testimonio-
se empapa de órganos estelares y agujeros negros del
firmamento
Se alimentan de eso
De tanto en tanto aprecian unas cagaditas de cabra
Como para despistar.

ME RECUERDO, NAXOS

1

Una vez vi a un campanero repicar a las siete de la mañana del domingo en una iglesia de Aghiis Anna, isla de Naxos. Algo en su gesto debe haberme conmovido a tal punto, que lo he fijado con prolijidad en un cuaderno que releo y amarillea. Cómo recuperar detrás de los pobres signos escritos la intensidad de una emoción. Sepultada. ¿Verdaderamente?
Cuándo.
Dónde.

2

Para que la idea Mar Nuestro en mí no se termine
me recuerdo, Naxos, decir gracias por todo
en la mano el juego de abalorios
como si fuera el primer sonajero o un legendario caracol
refiriendo las delicias del amor correspondido

cae la tarde
hora de asar los peces

de retener finísima arenilla en las sandalias
y combinar desnudeces con vino, queso, claveles y olivas

hora de que todos los Yorgos
continúen bailando con todos los Dimitris, Costas y Vassilis
y la tierra cimbre de alegría

por qué los idiomas de hoy
carecen de palabras como entonces:
luminosa, brevemente juntos?

ISLA DE RE

1

la isla abraza
caben y valen
pasos
borregos
avutardas
faisanes
la línea de horizonte
el nombre de los vientos
y los mástiles

además de
arena
transparencias
herrumbre
mi dependencia
de la vida, el cayado
las ortigas

y un banco cualquiera de plaza
frente al mar

pero no vuelvas
la cabeza aunque te llamen el ave fénix
el pájaro roc
la sirena
la esmeralda puroamor

2

el profesor de esquí valenciano
cuenta sus años en Laponia
cuando la noche boreal
los mosquitos carniceros
la gente que trasiega con ramos de abedul
flagelándose
sin poder ahuyentarlos

es Semana Santa
en el mundo
de gigantes y cabezudos
y peregrinos como tábanos

el vino blanco
seco
con sabor a uva pasa
en copa grácil y mesa de caoba antigua

con la alta marea
excele

3

la mujer del albañil padece esclerosis
cada vez que la cruzo
zancudo
el mal avanza

el ebanista goza la herencia mal habida
de alguien a quien dispensó un oportuno perdigón
los hijos se le suicidaron
y atormentan al pueblo
cuando graznan los albatros del anochecer

4

el alma se complace en las islas
las alacenas son fragantes
las puertas y labios muy labrados
casi no existen cercas, barreras
ni cerrojos

para pescar sombras
mejor promesas y canciones

que los anzuelos, las boyas
los arpones
esta red

ARDE PARÍS? *AQUÍ VIVIMOS*

Navidad 2006. Último día de clase antes de las vacaciones de invierno. Un chico de 11 muere asesinado a golpes a manos de dos compañeros de la misma edad, uno una chica.
La prensa y la defensa se afanan en explicar que no murió a causa de los golpes sino del susto.
Qué alivio.

Un cantor, lacayo y bufón del serrallo presidencial francés habla de la plaga que es para el mundo el sexo hambriento de los negros. Un senador socialista dice que en la cancha hay muchos retintos. Unos rabinos ultraortodoxos niegan en Irán, abrazando a su presidente, los alcances del Holocausto.
Nadie renuncia, nadie sanciona.
Una mujer muere a consecuencias de malos tratos en Francia cada cuatro días, en España cada tres, confirman las estadísticas que para eso están.

Los dirigentes de empresas florecientes se autoconceden millones de euros en concepto de despido. Uno por cada muerto de hambre y el resto de las plagas.

Pérsignense. El foie grass no espera, el relleno del pavo tampoco.
Las burbujas y la vanidad bien, gracias.

2 Ayer murieron incendiados diez chicos africanos en pleno barrio de la Ópera, muy cerca de las galerías Printemps y Lafayette, parámetro de la moda francesa para quienes la marca en el orillo es sinónimo de alivio por haber llegado. Dónde, no se sabe. Tampoco para qué.

El incendio ocurrió en un Hotel de Turismo -la manía de llamar a las cosas por un nombre que la realidad apenas acepta- un edificio más sórdido no se puede, para gente en vías de expulsión, una mancha en la vergüenza, si es que le queda un resto, de la ciudad y consiste en una cucha con un jergón orinado por el piso, insectos y ratas por las cañerías y punto final del turismo.
Nunca se encontró culpable ni mandatario para tales incendios que se propagaron por París como antes ocurrió y ocurre en hogares para inmigrantes de Baviera, y otros lands de no menos orgulloso prestigio.
A las Grandes Galerías, al vecindario nunca les ocurrió ni ocurrirá nada cuando se santigüen en la misa dominical.

Pero, ¿de qué París hablamos cuando hablamos de París?

CATUMAGOS

Del *jardin des simples* de Guillermo el predador, extraje dos brotes de salvia y tres bayas de eglantina, reconocí un par de caléndulas terminadas a la que me importa porque primavera tiene prisa
Y veremos qué resulta de su urgencia

Además de tripas maceradas en alcohol, en Caen hay mucho muerto reciente
Buses confortables te llevan a leerles el nombre y juntarlo con el fondo aterrorizado y yerto de los ojos.

No quiero verlos, perdonen muchachos
Ni en foto ni en marcha
tampoco en discurso y placa conmemorativos

Resumiendo
Alta marea
Caléndula
Tripas,
Jardin des simples

Plantas medicinales
De Caen.

En cuanto al nombre viene del galo Catumagos, y ya entonces quería decir "campo de combate".

Milenios sin poder escapar
A la tiranía y *forza* del destino
Del nombre
todos los nombres.

Pobre
pobre de nosotros
en Caen

RENDIR CUENTAS

A Saito San, in memoriam

En lo que a mí respecta la gracia estuvo –está- compuesta por infinitas infinitésimas partículas flotando en el aire del lago.
Me trasmitieron secretos como la pincelada por dentro de los impresionistas todos, el vuelo de los pájaros en armonía con la orquesta de latidos de la creación
Una superficie irisada de un exquisito licor de oro, donde las compuertas del cielo y de la tierra susurraban que estaba bien que todo fuera así. Y me fue dado contemplar la refulgente Jerusalem Celeste.

El lago queda en los aledaños de una ciudad relativamente nueva, alineada a la vera de una plaza cagada de palomas. Detritus de la paz, dicen.

A Hiroshima se puede llegar desde el cielo o en trenes de alta velocidad.

Partir es lo difícil por las piedras que apestan el cuello y los bolsillos.

CRÓNICA DEL LORO Y EL TRÉBOL DE IRLANDA

I

En la pensión rasposa me sirven el huevo frito con forma de corazón. Es Dublín.
Estrecho pero tenaz, el Liffey tan verde, tan amargo, serpentea.
Las comisuras de los labios degustaron la última línea de cerveza. La camarera regresa a casa que no es Tiflis donde fue banquera diez años sino este suburbio impronunciable pródigo en *kas*, intolerancia y sonidos guturales.

En Dublín amanece primavera en las ovejas recién paridas y los tojos estirados a más no poder.

Y sollocé ante la abrumadora belleza del Niño rubicundo del Ucello.

El franciscano que me bendice desde su eczema porque hoy es domingo de ramos cuenta que estuvo 40 años en wonderful zimbabwe y declara que el gospell que libera de culpa al Iscariote es falso, recontrafalso, oh yes.

Gracias por el resplandor, por los leprechauns tan traviesos que por fuera desordenan las cacerolas y por dentro los sueños más densos. Siempre con estrépito.

Anacrónico, el granizo confunde a los junquillos del lindero.

Soy torcaza migradora y querendona y mi corazón se merece el oro de Irlanda.

Tomé contacto por primera vez con el arpa irlandesa en una pesadilla antigua y cochambrosa: Arpas innúmeras tocaban al unísono lamentándose de algo que hasta hoy mejor no saber.

Un baturrillo de osamentas martirizadas, cruces, cadenas de hierro y de oro, maderamen podrido de celtas, druidas y vikingos abonan la capa más insensata de esta tierra.

El tesoro que custodian los leprechauns es ilusorio porque a las pocas horas se evapora.
Y que nos queda entre las manos?
Tomar el pulso con delicadeza al trébol y auscultar
Auscultar el cielo.

II

Para Sófocles venenosa y para Homero hierba que otorga inmortalidad.

La mitología griega dice que los caballos de Zeus adquirían y reponían su brío alimentándose de tréboles.

Celtas y druidas le atribuyeron por el movimiento melodioso de sus hojas la calidad de anticipar tormentas. Para una leyenda cristiana el trébol sirvió de almohada al niño Jesús, protegiéndolo en pleno invierno de la inclemencia ambiente. San Patricio, patrono de Irlanda, utilizó la planta para explicar el misterio de la trinidad: como el trébol, Dios es uno y trino; Padre, Hijo y Espíritu Santo. Para recordarlo, los irlandeses adornan de emblemáticos tréboles sus sombreros el 17 de marzo, día del santo. Después, los comerciantes declinaron la prodigiosa hoja en objetos y amuletos convirtiendo al trébol de cuatro hojas en el portafortuna por excelencia al menos del mundo occidental. Hecho atribuible a su relativa excepcionalidad ya que en general la plantita sólo tiene tres hojas, como indica su nombre latino, *trifolium.*

En el caso raro de que tenga cuatro hojas, la naturaleza quiere recordar la forma de la cruz, deducen los cristianos. Encontrado por azar predice un encuentro sentimental inminente y un matrimonio el año del hallazgo de la hierba bienaventurada.

Como si todo esto fuera poco también se dota al trébol la calidad de brindar fortuna en el juego. Tal vez por eso constituya uno de los palos de la baraja francesa.
La tradición anglosajona dice que Eva lo llevó consigo al ser expulsada del paraíso.

III

Mi primera invitación a Irlanda se produjo hace más de treinta años por boca del grande y mismísimo B., en Independencia y el Bajo. Era navidad, y usted me proponía que nos fuéramos ya pero ya mismo a Irlanda, para no asistir al repicar de las campanadas con la afrentosa apariencia de la dicha ajena y aclaró, en primera clase, verá, es mejor para los riñones, y yo me negué diciéndole que ni una línea de lo que yo publique en vida será porque soy, fui seré, 'la querida' de B. -nomenclatura de su época. Después ambos fuimos perdiendo color, sentido e imaginación.

(La segunda invitación provino de alguien que me quiere del subsuelo, de un iglú siempre dentro del renglón ocasión, cuando no segunda mano.)

Qué rica está- me dijo piadosamente B. poco antes de

morir. Fue una última cena en la ribera opuesta de casa, de donde partían los corsarios franceses a exaccionar un poco los mares del sur.

Usted y yo sabemos que nada cuenta salvo la calidad del afecto, la única incisión posible es la intimidad, que ni todo el oro y el moro de Irlanda nos darán jamás.

*Una versión parcial de este texto fue Iincluida bajo el título "El loro de Irlanda" en el libro *Inclinaciones*, publicado por Leviatán en Buenos Aires, 2006.

DÍAS DE ANVERS

El vino de Anvers es dudoso
destila postales y acíbar ya vividos
un tren en la noche de otoño
un hotel mal nombrado Edén
catedral, adúlteros,
modestos viajes en grupo,
cenizas y diamantes

las mismas pálidas jovencitas judías de otros siglos
los rizos que dejan escapar de sus sienes los muchachos
en francés se llaman *arrachacoeur*

el símbolo de la próspera ciudad
son las manos del dragón Antigón arrojadas por Bravo al río
Escaut
y como todos los ríos van a la mar puede que aún deriven
con un cortejo de manos emblemáticas
entre las que distingo las cercenadas del Ché
y las tan conversadoras de Perón

Esculturas al aire libre
Rubens encerrados
y de nuevo la prisa de regresar
del penoso paréntesis

En el compartimento

un coro de frituras invade la noche

con un vaho de querellas

CON EL ESCORPIO PUESTO

Este texto fue escrito en en Roma, noviembre de 1972, publicado una sola vez en la revista Último Reino, número 5 de junio 1981, en Buenos Aires y tipeado en computadora por las mismas manos que lo hicieron en aquella máquina de escribir el 19 de junio 2005, en París.
En cuanto a los personajes de los que hablo algunos son polvo de estrellas, otros treparon la pirámide y se estrellaron con mayor o menor estrépito y los que eran nada volvieron a su origen.

Con el I Ching + mogadón + plegarias
maldiciones, votos o historias descabelladas
+monologar (a veces, las menos, dialogar y beber)
concilio un poco el sueño;
pero como ya conozco las reglas y trampas del artificio
no hay asombro
y cuesta más.

61 = Chiung Fu = La veracidad intrínseca

Al menos las mutaciones chinas no requieren emplear
ninguna astucia.

Se las obtiene en librería sin receta.

También aquí, Roma, Salandra 6 (presso del cual no
quiero
    acordarme)
como en Independencia 356, depto. 43, Baires (que
    tampoco),
arriba
disponiendo
pancho por su casa
Pound. A secas.

(Y con la lógica no puedo explicarme el porqué.)

Yo, que siento un horror físico, supersticioso
por toda teoría y práctica
de la crueldad
por los abusos, corrupciones & Co. (lugar común, lo sé, no importa)
del poder -wagner no te soporto, sade me aburrís, nietzche te detesto
plus germany and all her (Holocaust) history y apartheid, nigeria,
(ruanda) chile, viet's o los gitanos ahogados en el subte de berlín-
con vos, viejo ezra, no cuenta.

Y me viene la idea del quisiera
tanto tipo chica que se ve traje de novia
+ fotos sonrientes (ojalá film en superocho)

+ puñaditos de arroz + luna de miel
de verte caminar con tus arrugas, arrugones, estrías, cráteres,
maremotos y volcanes
por el ocaso de rapallo
y mantengo tu foto con chinches reverentes en la pared
de casi todos los cuartos en que me voy viviendo
y te releo, con mi antigua manía de los mensajes cifrados
y oráculos personales
abriéndote por cualquier parte y en cualquier idioma en que
te encuentro

(la única vez mano a mano con su voz en sao paulo
ninguna palabra, entender solo el aullido
la estocada a fondo,
este grito que te heredo del
NO
PUEDO
MÁS!!!)

Escorpión, como kitty, mi hermana
30-10-1885 y 30-10-1949.

a kitty le envié para su cumpleaños por medio de un chico londinense que el azar sentó a mi mesa un mediodía en el viejísimo ghetto veneciano y justo embarcaba esa tarde hacia

jerusalem un estúpido suvenir comprado cerca del canareggio
(viste qué homenaje) y a vos te escribo esta especie de carta:

happy birthday, happy birthday

mientras
'paese sera' coincide extrañamente conmigo y leo que por fin
hasta aceptaría o justificaría que te otorgasen el nobel
y si así hubiera ocurrido
decime, justo ahora, viejo, para qué?

Quién nos quita, decime, no el gran hambre, sino éste de todos los días, como el padrenuestro dánoslo hoy, el de alcanzar gateando para el alquiler, los cigarrillos, el olor a comida por las calles
O
todos los o que conociste, conozco y conoceremos:
carajo, he dicho.

kitty en kiriat tivvon
ezra en rapallo
a ninguno arribará mi tarjeta, mis saludos

pero
El que Todo lo Ve, El que es Omnipotente, Omnipresente,

Omnisciente me responderán que no puede hacer de cartero
y mucho menos de paloma mensaje
pero

roma que me invita a la desesperación
a pedir gancho
a sentarme bebiendo sorbitos de negroni en piazza del popolo
o santa maria en trastevere
y esperar el derrumbe, el apocalipsis
el punto final de la decadencia de occidente

el I Ching que insiste
la perseverancia acarreará fortuna

diablos// voto al chápiro verde// por las barbas de mahoma
d'artagnan,
athos, chau románticos
les acabé mi cuarto de hora
adiós, que les vaya bien

venecia anegada del pavimento al cielorraso
por todo el gran arte del estremecimiento
y todo, oh viejito, siempre con poder
esclavitud y usura, de lo contrario no se tira avanti
con usura

los nativos del middle west con la cámara fotográfica
(digital) al cuello
bajo el brazo la góndola plástica con bailarinita incluida
que gira unos segundos (con ritmo de strauss)
la lalá larirara lalá lalalá
se detienen ante las procuradurías viejas
las mismas que recibieron las sombrías, hoscas denuncias
anónimas,
testimoniaron los envenenamientos perfectos
también el gran amor y/o amores
oh!, ouah!!, nice, isn't?
pure silk/ gold/ silver
y se deleitan arrobados oyendo los abominables valses
vieneses
que aporrean de la mañana a la noche el aire de san
marcos

hasta el florian, por el que una siente un respetuoso temor
(podría tratarse de un meccano de cristal que con sólo
respirar
se hiciera trizas y caería la cabeza de la bella otero sobre mi
falda)
con sus coloridos cartelitos
toast/ petit dejeneur/ gulash with smashed potatoes

a veces, vieras, prefiero andrea del sarto, lo siento un poco más
    cerca
algo más humano que los perfectísimos, como si se concediera
    el lujo
de titubear o poseyera la sabiduría de poder equivocarse

oferte per la vergine nicopeia /biglietto per la logia dei cavalli
a la palla d'oro lire 300 ridotto, gruppi 150
where are you from? 5 cartoline 100 lire

puente de los suspiros
quién te vio y no te recuerda

de madama sosostris a don tiresias, pasando por san jorge
(ahora destronado, en el exilio)
un poroto, qué quiere que le diga
pero
el demonio verde que se come a los buenos, los más o menos y
    los todavía
desde la cúpula del batisterio florentino

pero
las grupas del uccello
(uccello, aquí = pito = pene = miembro, uno de los pivotes de
    los vivos

y la razón de ser de tanto muerto)

desde estas hermosas playas
los etcéteras cariñosos saludos

desde la península del mal de ojo, la *fattura*, los filtros, anónimos
votos, exvotos, quiro o cartomantes, bendito o maldito
o a dos puntas, por las dudas
persiste el norte contra sur, tanto como ni siquiera lo hubieras imaginado tío Jules (Verne)
este contra oeste, sin contar las piccolas aldeas contra las piccolas aldeas
rociando siempre el discurso, eso sí, con la única generosidad
la tregua de dios, el gran vino sobre las pastas y palabras

ah, si fosse il duce, uncle ezra…

la clara siguió a su hombre y es digna de todo respeto, porque en fin, la señora raquele…

y así continúa desaguisando por la historia la que se dice partisana de rimini, abortera, ahora cartomante, pero de aquellas que averiguan primero tus problemas para no errar el vaticinio

por el momento veo un poco de lucha pero sobre la carta de la amante está el ángel con el caballo blanco que con paciencia te portará victoria

un mundo rígido, ordenado, casilleros repletos de palabras
tan vacías como el coliseo, el otro, el mussolineano
un pueblo de artistas, de héroes
acuérdate de abisinia o guadalajara
palabras como honor, lupara, la mamma, la moglie, la figlia
e, e.. *gli altri*
pero resulta que siempre se es un poco 'las otras'
todo el conjunto barnizado color de fotorromance y crónica
negrosentimental, sin escrúpulos
mientras
oramos al buen papa juan que nos debe conceder esta gracia
que para eso pagamos
porca madonna

a poco metros de la flor, también la nata y resumen de la
    cristiandad
las putas y putos regatean los servicios, habitación y taxi aparte
a menos que esté apurado y lo prefiera de prisa, en auto
para eso están desnudos, discurseando, cantando óperas
los ridículos bustos muertos de villa medici o el gianícolo
y es justo que prosigan así, testimoniando y divirtiéndose
a costa de nuestra tradicional, recíproca inoperancia

-esta fructífera industria peninsular del milagro y el turismo-

derivando por los muros de porta pía, encontrará un altar
    nuevecito
justo para su caso
una virgencita para los desesperados, según reza la placa
que espera su moneda y le encenderá, automáticamente
una candela eléctrica por unos segundos
a fin de interceder por su tranquilidad y buen suceso:
basta de cirios que después debemos barrer los escombros
y el malolor de las plegarias

la civilización, industrialización, mecanización
ión, ión, iones
se impone modernizarlo todo, incluso el culto
no sea pre, sea post
so, so!, so pena de que aún recuerde morirse de amor
de hambre, de tristeza, de esperanza, de teléfono, de piel
de celos, de florecita en el vaso y *guitarra en el ropero*

en saint marks las palomas (que son parte del proceso)
(que son parte del atuendo)
continúan posando para los turistas
saben que caballos ni dragones jamás pegarán el salto,
saben que nadie osará pronunciar el sorpresivo y redentor:
levántate y anda!

continuemos (a falta de, se entiende) admirando los mosaicos
que no encanecen, pierden brillo o prestigio, cómplices en el
    silencio
guardan el pavimento exacto para el paso del cortejo,
ese movimiento cadencioso que me imponen las catedrales
y las escalinatas de los teatros de ópera
-quizá por eso en europa suelo vestir generalmente de largo
además de que, seamos objetivos, favorece mis ráfagas excéntricas c
misterio y estas formas acentuadas dulcemente que avanzan hacia
otoño del mismo repetido cansancio
de cómo, dónde y tanto por qué

hablo

en la mía, la edad de cristo
de cuanto veo, vivo
lo ya visto y vivido
lo que no quiero volver a ver ni vivir

abigarrado mercado de pulgas
mi memoria
visitada ahora por las jetas levemente irónicas
de los retratos del pinturicchio en la piccolomini, lire 100

filippo que cada vez menos, existe, lucha

sonríe manso cuando bebe, pero casi siempre tartamudea
me explica su estructura en acero por la que querría hacer deslizar agua y colocarle en el centro una vieja portantina del siglo XVIII
que encontrara en un basural de graaz
lo que teóricamente equivaldría a nuestra necesidad de recuperar el pasado y ya no cree (al menos pretende convencerse y convencerme) en la pintura
yuyo liquidando por cambio de ramo
-el arte me abandona o yo abandono el arte?-
pajerías, pajerías

y por qué no le ponés, sugiero, a más del agua, un cd por las venas a tu escultura, ese del respighi de las fuentes y bien al medio la freudiana, obvia concha del bernini en navona pero en plástico iridiscente, por ahí la completás

y atrás, siempre disimulado en la entretela de gestos, escalofríos, saludos, estocadas, corteses adulterios, el fifty fifty mutuo de temor a recomenzar, cuando uno había creído tener todas las dosis de vacunas, precauciones y posibles dedetés contra el escándalo de amor

si esta noche fuera la uuuúltima, la ultimísima vez
un ponte sisto, un riachuelo, un dulce támesis
asegurados contra el terror
y la respiración artificial

aunque yo perezca
ay patria mía!!
la pampa tiene el ombú

pero los camellos pasarán primero por el ojo de la cerradura
otra vez las bombas, granadas y metralletas derretirán sesos, montañas y sabanas

en tanto la ciudad eterna, previsora
me seducirá tratando de venderme indulgencias
tal vez en propiedad horizontal o subalquiladas
debido a mi proverbial falta de recursos
o al menos un billete para *canzonissima*

¡no me pisen la víbora!!

cómo te decidiste a cruzar el espejo
nena alejandra de las náufragas y solo el nombre
alejandra

mientras
nicolai cancelará con más frecuencia su foto del quién es quién del mundo de la lírica y le cortarán penosamente de a dos, tal vez de cuatro en cuatro las notas del agudo final en el *salut demeure!* y se

dedicará con más desesperación a las memorias y los putitos del paraíso.
I take you to sweden darling, me decía; el amor sin sacarse las medias, presumí entonces, nada que ver con la displicente arrogancia del duque de mantua, sorry nicky, digo, maestro

qué se habrá hecho de la palomita negra, robada en thinks & thinks, iowa city, iowa 52240, esa que te regalé, falso dmitri, para cuando cantes la rondine, en el café de parís, te fatigarás al subir la primavera del bel di d'maggio
otra
ninguna vez en piazza di spagna

mientras
filippo transita, deambula mi tristeza
con su mujer, hijo y perro por via margutta
rené que soñabas tanto con esa calle y si la vieras
que estarás haciendo ahora marido argentino
ahora que me asfixia bizancio y el coñac
digo la centoherbe, 80 grados para disimular un poco
la historia de siempre, como hacer para olvidarte
para comer y que no nos devoren hoy
la farabuta historia del arte con sus lápidas respectivas
por ejemplo esa leída frente al pitti

aquí dostoievski escribió el idiota
o allen o andriusha o luisa
hexagrama va hexagrama viene
nada nuevo bajo el culo del sol
riuscita //sciagura, qué más da
pero no existe la ginebra y cómo explicarte, fili
el understatement que una copita cada día estimula
y sienta bien
si no
se viene el cuco de la nostalgia, el bolero
maría bonita, acuérdate acapulco
bésame bésame mucho

y se fue cantando bajito
a la pieza del conventillo

.

cantando bajito me llamabas, sansón, desde viena
-cara, sei la persona più dolce chi ho conosciuto in vita mia

los muertos que yo mato no gozan de buena salud
según me informa la crónica
porque empiezo por vez primera a nutrir gusanos sino de odio
al menos de ley del talión
se acabó el cuento de llevarles flores
m'hijita, un clavo saca otro clavo, me advirtió manucho

en el demolido bar moderno, mientras me arrancaba corazón,
pelos y ceniza
un verdadero reguero por vos, negro

basta

cambio: hablemos de retórica, dialéctica arte comportamental,
gestual, cinética, semiótica o de michelle la call girl que sorprende a
sus amantes por tener un doctorado en filosofía y ser gran autoridad
en descontrucción

scherzi?

ya sé que ni vos ni tampoco mi primerísima persona singular
cree en este aparente y brillante despegue de la situación
pero te digo que trato, honestamente, de lograrlo
porque hasta hoy no aprendí a jugar con fuego ni figuritas ni mancha
venenosa
de ahí el equívoco
y me y te tomo en serio
quién? yo?, oh! no!
el gran bonete

qué galera de mago, viste, digo para cambiar y que no me agobie el
tema
un jeringozo fuera de tu comprensión

nombres para otros destripadores de claves y códigos
de talveces quizaces y todavías;
de corumbá a minori, pasando por el último portazo de
    padilla 54-3979
ciudad del cabo, potosí, monreale
one way
porque la farsa continúa siempre
sin intervalo

pero
puedo inventar un final de efecto
(una de mis especialidades culinarias, literarias, revolucionarias
ufa con las arias; *un bel di vedremo...*)

espacio

el futuro
soy yo

Un lunes de noviembre, a medianoche no digo por azar porque ya todos sabemos que no existe, volvimos a encontrarnos en el baretto de via del babuino:

De inmediato, marcello de filippo me preguntó si sabía que *mi* pound había muerto.

Le respondí que no porque desde hacía quince días no tenía dinero siquiera para comprar el diario y por supuesto ni soñar con reponer las pilas de la radio.

De filippo y Pound me creyeron evitando cualquier tipo de comentario.

CRÓNICA CISTERCIENSE

Los cistercienses andan cumpliendo 900 años y se ufanan y afanan en proclamarlo desde sus feraces tierras labrantías, sólidas abadías, bodegas y viñedos.

Cuentan que la gran historia de la orden empezó con unos pocos eremitas que anduvieron deambulando de aquí para allí, excluidos, tiritando de Pontigny a Citeaux y Avallon, región burguiñona amable en verano pero rigurosa y feroz en invierno y decidieron sobrevivir reunidos del ataque de los lobos, los señores y religiosos de otras órdenes que se habían atiborrado de lujos, liturgias y prevaricaciones como en la Cluny de otrora, como en Londres, París o remota Buenos Aires, hoy.

Rejuntados, se cambiaron el nombre y de curitas pordioseros pasaron a cenobitas adustos y respetables y como tales vistieron hábitos de lino y se dieron una regla, la de san Benito y ya que estaban empezaron a copiarla y recopiarla hasta que de tanto hacerlo resultó el texto más repetido después del Nuevo Testamento.

A continuación pronunciaron votos de obediencia, pobreza y castidad, en ese orden; qué orden.

Digo que tan desprovistos no debían andar porque uno que no tiene en qué caerse muerto qué votos va a pronunciar si la pobreza como el amor o la preñez no pueden ocultarse, la risa tampoco.

Pero si uno se la pasa iluminando pergaminos y catando vinos otros tienen que yugarla, y para eso se inventaron a los hermanos conversos que eran los menesterosos de pura cepa quienes para huir de la gleba de unos, de hacerse masacrar en las guerras entre feudos de otros, se conchababan en las propiedades de los clérigos de sol a sol, cortando leña, ordeñando vacas y recogiendo la miel de los panales, que así es la vida al menos en los fabulosos grabados y pinturas de la familia Breughel.
Ora et labora, labora et ora

Una apasionada de los cistercienses que se vino rauda del corazón de su Wyoming natal no habló durante tres semanas para saber qué era el silencio de los monjes de Pontigny y dice que la experiencia cambió su vida. Su sueldo lo percibe en cambio de los institutos de investigación científica de ambos reinos, los dos terrestres.

También dijo que estos religiosos construyeron sus cadenas de iglesias y prioratos en base a sus propios sueños.
Así, un abad se afligió una noche al no ver hermanos cistercienses no sólo en el paraíso sino que tampoco en el purgatorio. Pregunta que te pregunta llevó la instancia de su aflicción hasta la mismísima virgen quien alzó su manto y bajo sus polleras, abrigaditos estaban retozando todos los monjes de la congregación que como la expresión literal indica habían pasado a mejor vida.
Desde entonces los cistercienses en señal de gracias le dedican todas sus construcciones diáfanas y rubias mientras dicen que prosiguen, salve oh regina, amparados bajo su falda.

La simplicidad obliga a la elegancia –explica la señora del medioeste americano–, entona luego un *kyrie eleison* en un ángulo que resuena hasta alguna cuerda muy olvidada de mi centro y continúa desgranando que los cistercienses asistían asisten a siete oficios diarios de rezo y canturreo y a las ocho y media en punto a cucha que mañana será otro día y cada uno vendrá con su brazada de llanto y suspiros porque a la duermevela el único coro que me acuna es el de las voces roncas de los que se fueron de mis vidas sin tener tiempo ni ganas de quererme.

Para arreglar un poco cuentas de bienes entre familias hubo que encontrar un sitio donde confinar a viudas, casquivanas y herederas desposeídas pero de buen origen por lo que hubo que fundar la rama femenina de la orden, pero las bernardinas fueron tan dicharacheras, borrachitas y fiesteras que llevó siglos ponerlas en vereda.

Y todo huele a hierba recién cortada, la primavera existe y en este preciso momento los tulipanes tienen sus pétalos a punto de caerse y les guardaré luto por bastantes lunas.

Madame la comtesse saca a flote mal que bien la pensión en que dormimos y un viñedo con sus 80 abriles bien servidos y hace fantasmear a sus comensales mostrándoles fotos de su infancia con el de Mónaco y la reina Zita qepd cuando la disfrazaron de flor a los diez años en su primer fiesta de carnaval y le pusieron el *corsage* verde encima y abajo las capas de capullito y relata cuánto lloró por la afrenta porque así no se ven las rosas, las flores por lo general no falsean la ley de gravedad.

Las nubes se animan a mi paso, me asustan, sus monstruos tan humanos, casi me dan pena.

Solitarios cada tanto en las rutas comunales algunos niños

atinan sus primeros equilibrios en las bicis enmarcados por planos de colza y verde triguero, refulgentes, embriagadores.

La cuenca francesa del Sereno está inundada, la palma de mi mano es un estanque cuyos ecos y pliegues no me atrevo ni aventuro a descifrar, mientras asombrada veo que fuera de mi cuarto de París, fuera de las ciudades que me esclavizan, el rocío perdura, el firmamento también.

La gran abadía empresa, patrimonio mundial privado, capital jugoso anónimo de Fontenay nos es presentada ahora por un joven buenmozón que se dice descendiente directo de Montgolfier, el de los globos, no de jabón ni de comics, sino globos de embauque y de embeleco.
La firma alquila el dominio para películas de capa y espada.
–Aquí se filmó Cyrano de Bergerac y no desdeñamos ningún tipo de marca derivada, publicítenlo.

Los rebaños son rubios y pastan como sólo la eternidad de los mansos suele pastar, los caballos también son del color de las piedras calizas y alimentan a sus crías recién nacidas de patas frágiles y los moscardones les llenan los ojos porque sus lágrimas son dulces y ellos no pueden espantarlas; quién los hizo sin manos para que no puedan alejar los insectos del llanto, quién los hizo sólo con cola para proteger su culo.

A pesar de la propia muerte y de la tristeza sin anclas que me arropa, uno borronea estas líneas en el desierto de la propia torpeza y, desde 1180 en la abadía de las abadías de Fontenay un chico cada tanto corta ramos de flores no para su gozo y regocijo sino para adornar las mesas de los otros.
–Recibimos 120.000 visitantes anuales, explica el de Montgolfier, que dice querer venderles entradas a muchos, muchísimos más y poder cotizar la empresa en bolsa, madera tocando estamos bien encaminados, lo pueden repetir.

Angeles, beatos, potestades, arcángeles y querubines
cohortes
por jerarquías tuvimos que alinearlos, por categoría de visiones
cuanto más retorcidas, iguales a los sarmientos de la vid
mejor, mucho mejor.

Majestad es una de las claves
el poder periclita
el movimiento no:
los zapatitos me aprietan
las botas de cuarenta leguas
me agobian de amargor.

Salvo mi escritura nunca tuve nada ni nadie de marca
nunca zapatos *carlitos, guante o grimoldi*
mucho menos una muñeca *marilú o bubilay*.

Jamás en vano y siempre con vino, es el lema de la región.

–Dos vasos por comida sin libertad de palabra–, explica paciente el hermano Michel de Citeaux y para darme gusto, cree, añade en mi honor que la orden cisterciense cuenta hoy día con un mandamás que reside en el Vaticano y es argentino, como si ya no hubiéramos tenido suficientes generales de rapiña y mala muerte para tenerlos todavía que exportar.

El lenguaje de las viñas es ornamental lleno de recovecos secretos, humedades y provocaciones.
El gran arquitecto de aromas del *Clos*, dice que ahora encontraron la pólvora, colocan en unas capsulitas entre las cepas polvillos para la confusión sexual de dos tipos de mariposas, ponen en el aire olor masculino en las viñas y las mariposas se vuelven locas no reproducen gusanitos ni de seda ni de tequila y se van a joder al prójimo que aún no emplea las nuevas técnicas o se mueren revoloteando solas como nosotros víctimas de las granadas, esquirlas y

atrocidades de nuestra gente, nuestro tiempo, nuestra propia e irredimible confusión.

Allá lejos, de bruces en el centro y sur mismo del Atlántico, refulge, el tinto color berenjena de los albañiles y su asado cocido entre ladrillos a las once de la mañana en punto de mi tierra, el vaso reparador de las Bodegas y viñedos *Giol o Peñaflor*, con su publicidad machacona
con vino es vida
y, ya que estamos, enfaticemos el ribete fascistón
porque el vino *es la bebida de los pueblos fuertes*.

De sobremesa tiro la lengua a la condesa y vaya uno a saber por qué recuerda que por alguna razón fue con marido y suegra a España y ésta se murió. Algo había que hacer con el cadáver para no entrar en minucias como autopsias, certificados de defunción y lo que es peor impuestos, la pusieron entonces sin miramientos en el cofre de la Ferrari y cuando volvieron por fin a Francia y se fueron a tomar a un bar unas copas para celebrar el alivio y la proeza les habían robado el auto con la muerta tibia dentro y, nunca más se supo, colorín colorado, Disneylandia burguiñona se ha acabado.

La condesa prosigue *off the record* con que todos tuvimos durante la guerra algún judío en nuestras tierras ya que no en nuestros corazones. –Eso no se dice en alta voz y menos ante extraños, abuelita. –Es así que a casa vino Marthe que nadie hubiera dicho que lo era pues había estudiado con y *como* nosotras en el Sagrado Corazón y mi abuelo, que no hubiera hecho daño a una mosca, en la mesa, cuando la veía, no hablaba palabra y se iba apenas comido a su cuarto. ¿Se dan cuenta? Me comprenden, ¿verdad? Es así que tuvimos que enviar a la pobre Marthe a otro sitio. Donde no pensábamos que correría peligro, por supuesto. Debió ser allá por 1942, creo, y quién sabe qué se hizo de ella, todo esto para que el abuelo no sufriera viéndola y pudiera gozar de sus últimos meses de vida en paz.

En los toneles hay que esperar 36 meses para paladear este vino acendrado pero sincero y con uno que otro destello de iracundia o de violencia y ello se llama elaborar el duelo.

El jardín de la condesa está atiborrado de palmeras y cotorras sin plumas pero educadas a quienes nunca dijeron rusa, negro o pobretón de mierda como a nos, ni por tanto respondieron hija de puta, sí, como lo está oyendo señora condesa y lo repito y me caigo, tambaleo y me levanto
hija/hijos de puta
vos

TIVÓN, 19 DE MAYO 1998

LOS EFECTOS DEL VIAJE

Hay tres tipos de viaje y no cuatro que Dios reconoce: los que vienen de Él, los que van hacia Él y el viaje en Él.

IBN ARABI

Un compañero de ruta, una amistad de por vida.

YASUNARI KAWABATA

Reconocer y aceptar hasta sus últimas consecuencias la energía del corazón. Seguir su huella. El movimiento, el viaje, es inherente a todo lo vivo.

Comprender el viaje es develar la realidad; permite conocer el carácter del viajero, adherir y separarse de los compañeros de ruta y por último, recorrer el sendero que va del hombre al Creador.

Es la mejor escuela de modestia porque el viaje confronta al viajero con sus propios límites y le evidencia la precariedad absoluta de todo prejuicio.

Los arañazos recuerdan al alma dónde estuvo y dónde no se animó a llegar.

Describir el paisaje permite, entre los pliegues, introducir el desmadre personal: siempre y cuando, claro está, no nos detengamos demasiado en un lugar. El imprevisto es frágil y siempre está a punto de desmayo; rutina, necedad y aburrimiento le son fatales.

Ni el exceso ni la carencia sacian.

PODER DE LA PALABRA

Puesta a pensar en rosas las prefiero aterciopeladas, bermellón o moradas sangre y entre las satinadas los tonos whisky ambarino, con un toque de naranja y té.
Abrir la rosa delicada, profunda y viscosa de la palabra.
Sangre, linfa, barro; de humores, bilis negra y melancolía está hecha.
La palabra exacta también está hecha de bandera y flamea.
¿Pendón o perdón? en llamas.
La rosa de sangre espesa se mueve, me impide ver si detrás hay un tumor o una estrella, se mueve como un nenúfar.

Camellos y dromedarios atesoran cada gota que les cae en el garguero. La joroba constituye un gaje del oficio

Resumiendo, que lágrimas, suspiros y palabras vienen del mismo lugar.

RUBATO

compartir
un vaso y una cadena
de sombras
florecer
con el soplo y la corriente

en lejanos manicomios
los ausentes
pierden
derecho
a la palabra

CONSIGNAS

No hablar en lugar de nadie
aunque seguido
sin ser otro
ponerse en lugar del otro
ser, ser
a secas.

COLOFÓN Y FIN DE FIESTA

Quién soy ¿soy mis lecturas, mis palabras o el olvido de mis lecturas y palabras? Traté de componer con estos linajes y pigmentos un honesto elixir. Aquí un breve intento de respuesta:

CANTERO DE OTOÑO

Toda una vida, como pregona, inapelable, el bolero, miles de páginas y ¿qué me queda de imborrable en el regazo?
A veces los nombres se reducen tan sólo a una línea, una imagen, bien cargada, eso sí.
Cabrera es 'Ella cantaba boleros'. Michaux: 'no va a dejar sola a su pobre Lou'. Y 'nosotros, todavía, 'nosotros dos aún'.
Echeverría, un título, '*El matadero*', premonitorio, de escalofrío.
Borges, 'La viuda Ching, pirata' que viene de *Vidas imaginarias*, de Marcel Schwob, quien su vez me dio *Catherine, la encajera*.
Borges, el bastón, un hotel en Tokio, la calle Florida, él diciendo –mamá, los bombones- y ella tratándome de

'cómplice', con sus ojos de pantera que nunca supo qué es melancolía. Borges, diciendo coplas antiperonistas con rimas estúpidas al cruzar Plaza de Mayo; Borges, el Hacedor, y a quien modifiqué apenas un cuarteto de sus diecinueve años y me quedó dentro como tintura madre, alfa y omega del amor, '*tú que hasta ayer eras toda la hermosura / eres también, todo el amor ahora*'.

El Quijote, un ejemplar que no puedo volver a abrir de la colección Espasa porque me recuerda un vómito arcaico de mi última curda fenomenal, cuando la época de los grandes celos y tragedias. Cervantes, una cita, '*la malignidad del tiempo, devorador de todas las cosas*' y yo grabándolo en una caseta y oyéndome oírlo mientras caminaba todos los días los kilómetros de mi casa al centro Pompidou para ser horas y horas guardiana del arte mayor de los ajenos y se me parte el corazón.

Cortázar y la muerte de Rocamadour la-muer-te-de-ro-ca-ma-dur y allí me quedé en la calle Santa Fe y Talcahuano volviéndome puro sollozo, una manera de ser .

Nadie entiende las Magas, las Meigas, '*nadie enciende las lámparas*', Filisberto.

Vallejo, '*fue domingo en las claras orejas de mi burro, de mi burro peruano en el Perú, perdonen la tristeza*' eso, la ternura, la tersura, la tristeza.

Hernández, '*morena de altas torres, gran trago de mi vida*' que nadie me dijo. Y sobrevivo.

Biblia, la que más, la primogenitura por el plato de lentejas, 'ponme como un sello sobre tu corazón, como una marca sobre tu brazo, porque fuerte como la muerte es el amor, duro como el sepulcro el celo', Jonás, devuelto por la ballena a una colina que vi y ahora es un puro basural. Saúl, qué pena de vida, con la hechicera de Endor, sin que nadie pueda ayudarte. Sin olvidar el tiempo de gigantes, de los hijos de dios enredados de amor con las hijas de los hombres, en el puro Génesis.

En suma, la Biblia y el calefón.

Erdosain el humillado. Barsut, el Astrólogo y El hombre que vio a la partera. Arlt -ahí tienen un profeta. Arlt que nos guiña: '*rajá turrito rajá, ¿te creés que porque leo la Biblia soy otario?*'

Camilleri y Kapuszinski, las mariposítas de Remedios la Bella, la lechuga y el hielo y el coronel a quien todavía nadie escribe, porque nunca supo leer y menos escuchar.

Un principio jurídico; *pacta sunt servanda*. Los pactos se han hecho para cumplirse.

La máquina de la tortura de 'la colonia penitenciaria' a los 14, *preferiría no verlo, Bartleby* y Dumas y Verne y Mujercitas y Corazón, hecho el nudo fulgurante a veces pero tan a contrapelo que soy.

Nota: *El cantero de otoño es de pensamientos dobles. A veces triples. Densos y multicolores siempre.*

ÍNDICE

ÍNDICE PÁG

EH EDITORES

HOJAS DE BOHEMIA
COLECCIÓN DE POESÍA

PRÓXIMOS TÍTULOS

13. *Las crónicas de al-Ándalus*
Fernando Quiñones

14. *Principio de la desolación*
Josela Maturana

15. *La edad libera*
José Lupiáñez

16. *Diamante Roto*
Fernando Cañas